Seis pescadores disparatados

Basado en un cuento tradicional
del libro de Ashton *Chap-books
of the Eighteenth Century*, 1882

por Benjamin Elkin
ilustraciones por Katherine Evans
Traductora: Lada Josefa Kratky
Consultante: Roberto Franco

El doctor Paul Witty, director de Psycho-Educational Clinic de la Universidad de Northwestern, dijo: —El programa de lectura de desarrollo se beneficia con un plan de lectura equilibrado que incluye una gran variedad de material de selección individual además de los libros básicos.

CHILDRENS PRESS®

CHICAGO

Library of Congress Cataloging-in-Publication Data

Elkin, Benjamin
    Seis pescadores disparatados.

    Summary: A clever boy counts six foolish brothers
to convince them that no one has drowned while fishing.
    [1.   Folklore.   2.   Spanish language materials]
I.   Evans, Katherine, 1901-1964, ill.   II.   Title.
PZ74.1.E43   1986   398.2 [E]   86-21611
ISBN 0-516-33601-0

5 6 7 8 9 10 R 95 94 93 92 91 90 89 88

Había una vez seis hermanos
que decidieron ir a pescar.
Entonces se fueron al río
y cada quien escogió
un buen lugar
de donde pescar.

—Yo me voy a sentar en este bote

—dijo el primer hermano.

—Y yo me voy a arrodillar en esta
balsa —dijo el segundo hermano.

—Y yo me voy a recostar contra
este tronco —dijo el tercer hermano.

—Y yo me voy a parar en este
puente —dijo el cuarto hermano.

—Y yo me voy a acostar en esta
roca —dijo el quinto hermano.

—Y yo voy a caminar por esta
orilla —dijo el sexto hermano.

Y eso es exactamente lo
que hicieron.

Cada hermano pescó desde el lugar
que había escogido, y cada uno tuvo
buena suerte.

Pero cuando llegó la hora de irse
a casa, los hermanos se pusieron
un poco preocupados.

—Hemos estado cerca del río,
arriba del río y en el río —dijo
el hermano que estaba en el bote—.
Uno de nosotros se pudo haber caído
en el río y se pudo haber ahogado.
Voy a contar a todos los hermanos
para asegurarme de que estamos
todos aquí.

Y empezó a contar:

—Veo a un hermano
en la balsa. Es *uno*.

Y a otro
en el tronco.
Son *dos*.

Y a otro
en el puente.
Son *tres*.

Y a otro
en la roca.
Son *cuatro*.

Y a otro
en la orilla
Son *cinco*.

¡Sólo cinco! ¡Qué horror!
¡Se nos perdió un hermano!
Estaba tan acongojado que no se dio cuenta
de que se había olvidado de contarse
a sí mismo.

—¡No puede ser! —exclamó
el hermano de la balsa—.
¿Se ha ahogado uno de nosotros?
¿Hemos realmente perdido a
un hermano?

Y él también se puso a contar:

—Veo a
un hermano
en el tronco.
Es *uno*.

Y a otro
en el puente.
Son *dos*.

Y a otro
en la roca.
Son *tres*.

Y a otro
en la orilla.
Son *cuatro*.

Y a otro
en el bote.
Son *cinco*.

Sólo cinco. ¿Qué dirá nuestra
pobre madre?

Y él tampoco ni siquiera se dio
cuenta de que se había olvidado
de contarse a sí mismo.

—¡Déjame contar desde aquí!
—gritó el hermano que estaba
en el tronco—.

Veo a un hermano en
el puente. Es *uno*.

Y a otro en la roca.
Son *dos*.

Y a otro en la orilla.
Son *tres*.

Y a otro en el bote.

Son *cuatro*.

Y a otro en la balsa.

Son *cinco*. ¡*Cinco* en total!

¡Qué día más triste! ¡Por qué
vinimos aquí para que uno
de nosotros se ahogara!

Después contó el cuarto hermano,
y el quinto y el sexto—cada uno
contó sólo cinco hermanos porque
cada uno se olvidó de incluirse
a sí mismo.

Todos los hermanos volvieron
a la orilla y de allí corretearon
de un lado a otro para ver si
encontraban el cadáver de su pobre
hermano que se había ahogado.

Entonces apareció un niño que también había estado pescando, pero que no había pescado ni un solo pez.

—¿Qué pasa? —preguntó—. Parece que tienen muchos pescados. ¿Por qué están tan tristes?

—Porque éramos seis los que vinimos a pescar, y ahora somos sólo cinco. ¡Uno de nuestros queridos hermanos se ahogó!

El niño se quedó mirándolos, perplejo.

—¿Qué es eso de que son sólo cinco? ¿Cómo llegaron a ese número?

—Mira, te voy a mostrar — dijo
el hermano mayor, y señaló a
sus hermanos:

uno,

    dos,

        tres,

            cuatro,

                cinco.

Eramos seis cuando llegamos,
y ahora somos cinco los que vamos
a regresar. ¡Qué día más triste!

El niño se volteó hacia un lado
para esconder su sonrisa, y luego
volvió a mirarlos.

—Creo que puedo ayudarlos
a encontrar a su hermano perdido
—dijo—. Cuando yo les apriete
la mano, quiero que cuenten.

Entonces apretó la mano de
cada uno de los hermanos lo más
fuerte que pudo.

—¡*Uno*! —gritó el primer
hermano, frotándose la mano dolorida.

—¡*Dos*! —exclamó el segundo
hermano, saltando y brincando por
el dolor que le causó el apretón.

—¡*Tres*! —chilló el tercer hermano.

—¡*Cuatro*! —rugió el cuarto hermano.

—¡*Cinco*! —bramó el quinto hermano.

—¡*Seis*! —protestó el sexto hermano.

—¡*SEIS*! Los hermanos se
miraron encantados.

¡Eran seis otra vez!

Saltaron de alegría y se dieron
palmadas en la espalda.

Muy agradecidos, se dirigieron
al niño.

—Toma —dijeron—. Insistimos
en que te lleves todos los pescados.
No sabemos cómo agradecerte por
haber encontrado a nuestro querido
hermano que se nos había perdido.

El niño, muy contento, aceptó
el regalo, y los seis pescadores
disparatados se fueron muy
contentos a su casa.

Pasa a un nivel de lectura más avanzado.

Repasa las siguientes
palabras del vocabulario.
Son palabras de un nivel
más alto.

acongojado	asegurarme	exactamente	preocupados
agradecidos	balsa	incluirse	realmente
ahogado	bramó	olvidado	rugió
arrodillar	disparatados	perplejo	se dirigieron